ANTOINETTE D'AUTRICHE

OU

DIALOGUE

ENTRE

CATHERINE DE MÉDICIS

ET

FRÉDÉGONDE, REINES DE FRANCE,

AUX ENFERS.

Pour servir de supplément & de suite à tout ce qui a paru sur la vie de cette Princesse.

---

vinci sua crimina gaudent.

Elles triomphent : leurs crimes sont surpassés-

LONDRES.

1789.

ANTOINETTE D'AUTRICHE

OU
DIALOGUE

ENTRE

CATHERINE DE MÉDICIS

ET

FRÉDÉGONDE, REINES DE FRANCE.

FRÉDÉGONDE.

Ah! quelle heureuse rencontre! Catherine, c'est vous que je cherchois; il me tarde de vous faire part d'une heureuse nouvelle que je viens d'apprendre, & qui nous intéresse également toutes deux. Trop long-tems en horreur au ciel, à l'univers, aux enfers même, nos crimes enfin vont être oubliés; oui, nous sommes vaincues dans notre propre science : les forfaits des Médicis, des Frédégonde, des Isabelles, ne font que des jeux, des bagatelles, auprès de ceux d'Antoinette d'Autriche. . . .

MÉDICIS.

Qu'entends-je, juste ciel! Antoinette, cette jeune Princesse, jadis l'amour & les délices du peuple François.

A 2

FRÉDÉGONDE.

Et aujourd'hui son horreur. Médicis elle-même, j'ose l'assurer, frémira au récit de ses attentats contre un époux auguste, & une nation dont tout le crime est de lui avoir pardonné ses premiers égaremens. Si aux premiers pas qu'elle a faits dans la carriere du crime, au lieu des applaudissemens de ses vils flatteurs, des P...., des V..., des abbés de Ver..., elle eût entendu les justes reprimandes d'une nation indignée, peut-être elle auroit épargné bien des malheurs à la France, & à elle même bien des regrets.

MÉDICIS.

Frivole espoir, Frédégonde ! vous le savez comme moi, les liens de la crainte sont bien foibles, lorsque l'on a une fois brisé ceux de l'honneur. Mais bannissons, je vous en conjure, les réflexions superflues, & prouvez-moi par des faits authentiques & des témoins irréprochables, qu'Antoinette d'Autriche est en effet la plus méchante & la plus infâme de toutes les créatures.

FRÉDÉGONDE.

Mes témoins sont irréprochables. Deux ombres descendues depuis peu dans le sombre empire, m'ont tout appris. Delaunay, Flesselles, victimes d'une lâche ambition qui les asservissoit à toutes les fureurs d'une femme insensée, font éclater ici leur douleur & leur rage ; « oui, fatale ambition, s'écrient-ils, c'est toi qui nous à perdus, c'est pour accumuler sur nos têtes coupables des richesses & des honneurs que nous nous sommes vendues à l'ennemie de la nation. Nos funestes desseins ont été découverts, & notre mort a vengé la France ; nous ne nous plaignons pas de notre destinée, nous l'avons méritée ; mais des monstres plus coupables que nous respirent encore ! » De pareils témoins vous paroissent-ils suspects, & peut-on douter de leur sincérité ?

MÉDICIS.

Non, après un pareil témoignage, je suis disposée à tout croire ; hâtez-vous de m'instruire ; certes, plus je réfléchis sur tous les excès où m'ont portée mon ambition, ma cruauté, mon goût effréné pour les plaisirs, & plus je m'étonne qu'une jeune princesse ait déjà pu les surpasser.

FRÉDÉGONDE.

Je n'y vois rien de surprenant. [1] Au milieu des crimes qui ont à jamais deshonoré votre mémoire, on rend justice à vos talents pour le gouvernement, & à votre politique. Il faut

[1] Avec le germe de tous les vices, Antoinette n'a point eu des vertus que vous fîtes éclater.

imputer aux temps orageux, où vous vécûtes, aux discordes où la cour étoit alors en proie, à la nécessité d'étouffer le calvinisme en France, & d'enchaîner l'orgueil & la cupidité des Guises vos défenseurs, une partie des crimes dont vous vous êtes souillée; l'ambition seule vous rendit cruelle & perfide; mais l'ambition dénote une grande ame, & le desir de régner est le crime des héros. Ce n'est pas cependant que je veuille vous justifier. Non, je sais que votre prétendu zele pour la défense de la religion catholique, & l'extirpation de l'héréfie, n'étoit qu'un prétexte spécieux pour perdre les ennemis de votre authorité, & ce mot qui vous échappa, lorsque vous crûtes la bataille de Dreux perdue, « Eh bien nous prierons Dieu en françois, » (Mot arraché par la vérité & l'imprudence, mais désavoué par la politique,) prouve assez votre indifférence pour toutes les religions. Antoinette au contraire, sans être chargée du gouvernement, sans se voir dans la nécessité de commettre ces crimes que la raison d'État excuse & authorise, Antoinette, dis-je, l'a emporté en scélératesse, en perfidie, en cruauté, sur Catherine de Médicis, & l'épouse meurtriere de Chilpéric.

MÉDICIS.

À chaque mot mon étonnement croît, & redouble. Quoi, Médicis & Frédégonde vaincues en féléraresse par une jeune princesse dont on a tant célébré jadis, la bienfaisance & l'humanité.

FRÉDÉGONDE.

L'humanité! Médicis se laisseroit-elle donc séduire comme le vulgaire, par un mot pompeux? Prend-t-elle pour vertus dans Antoinette d'Autriche ce qui n'est que le comble de l'audace & de la perfidie, & ne découvre-t-elle pas sous cette prétendue humanité & cette bienfaisance hypocrite, un piege impie pour acheter l'amour des François, mériter leur confiance, & les trahir ensuite plus indignement? Il ne faut que jetter un coup-d'œil rapide sur la vie d'Antoinette pour appercevoir que son cœur est le foyer de tous les vices, plutôt que l'azile de la plus foible vertu. L'inceste, l'adultere, la lubricité la plus infâme & la plus honteuse, le renversement de l'ordre sacré de la Nature furent des jeux pour cette impudique Messaline; que dis-je, Messaline fut moins coupable sans doute. Qui pourroit jamais compter les scélérats qui oserent trahir l'honneur de leur maître, & altérer la source pure & sacrée autrefois du sang des Bourbons! Ayant été voler dans l'azile du libertinage & de la débauche, Messaline, l'insatiable Messaline attendoit au moins qu'un sommeil trompeur s'appésantit sur Claudius, & lui cachât sa

honte ; elle attendoit les ombres favorables de
la nuit pour accomplir ces misteres d'iniquité ;
mais tant de précautions diminuent la jouis-
sance ; pour une femme sans frein & sans honneur, le crime sans éclat cesse d'être un plaisir.
C'est dans son propre palais, sous les yeux de
son époux, & à la face de l'univers indigné,
qu'elle s'abandonne toute entiere à ses voluptés
sacrileges. Voyez-là prodiguer ses infames ca-
resses au Comte d'A.... qui plus licentieux &
moins prudent que le héros de Marignan, brise
les nœuds de la Nature qui l'attache à un frere
auguste, & est assez fou pour travailler à se donner un maître ; aux Dil...., aux Vaud...., aux
Bezenv...., aux abbés de Verm...., & à tant
d'autres dont les noms lui sont échappés. No-
blesse, Clergé, Tiers-État, tout homme à droit
à ses faveurs ; les plus beaux & les plus robus-
tes sont les mieux accueillis. Des gardes, des
laquais, des histrions ; ô comble de l'opprobre !
ô honte inneffaçable ! .. Malheureux François,
le terme approche où elle va donner un héri-
tier au trone & un chef à la nation. Faites éclater les transports de votre allégresse, approchez
du berceau de cet enfant, & au lieu des traits
de son auguste pere, reconnoissez en lui en fré-
missant de rage & de désespoir, ceux d'un vil
comédien ; mais je m'arrête : quel œil assez

courageux pour soutenir les scenes horribles de lubricité dont elle a tant de fois été le théâtre. En les considérant, Frédégonde elle – même, oui, Frédégonde s'applaudit de sa vertu. Si mes crimes ont déshonoré la France & mon époux, au moins n'ai – je pas enrichie l'étranger de leurs trésors ; pour triompher de Chilpéric, je n'ai jamais employé que le pouvoir de mes charmes, je n'ai jamais par des breuvages empoisonnés, avili son ame, aliéné sa raison, & arraché à la bonté de son cœur le droit de piller les trésors de son peuple, pour les répandre dans le sein de mes amans, & en faire le prix du crime & de la débauche. Séduite par ma passion pour mon amant, j'ai porté, je l'avoue, un fer meurtrier dans le sein de mon époux & de mon maître, mais l'univers en convient avec moi, si c'est commettre le crime que d'en avoir eu l'idée, Antoinette est aussi coupable que Frédégonde. Esclave de mes passions, cependant le goût de la volupté n'éteignit jamais en moi le feu du génie, & l'intrépidité. Après la mort de Chil-déric, entourée d'ennemis, mon courage s'aug-menta avec le danger ; loin d'abandonner mon fils Clotaire, je sçus lui trouver des défenseurs ; j'interressai Gontrand en faveur de sa jeunesse ; les secours qu'il nous donna contre les entre-prises d'un ennemi implacable, Childebert, Roi

d'Auſtraſie, qui cherchoit à dépouiller mon fils
& à punir tous mes crimes, ne m'empêcherent
point de me déclarer ouvertement contre lui
lorſque je crus devoir m'en défier. Je diſſipai par
un ſerment ſolemnel, les nuages qu'il s'efforça
de répandre ſur la naiſſance du fils de Chilpéric.
La mort de Gontrand en nous délivrant d'un
ennemi, nous en donna un encore plus redouta-
ble. Childebert ſon ſucceſſeur, ſelon la politique
des princes de ce temps-là, n'oublia rien pour
opprimer mon fils; ſon enfance menacée n'eût
plus d'autre ſoutien que moi; malgré la timi-
dité naturelle à mon ſexe, j'aſſemble des trou-
pes, je me mets à leur tête; mon fils dans les
bras, je vole de rang en rang animer l'ardeur
des officiers & des ſoldats; j'étonne les plus
braves par mon intrépidité, je trompe les ennemis par un ſtratagême, je remporte une victoire
complette, je laiſſe par-tout des traces de ma
vengance, je reviens à Soiſſons chargée de gloire
& de butin. Que de monſtres plus coupables encore que moi, & qui n'effaceront pas par l'éclat
d'une victoire l'horreur de leur forfaits; ils n'ont
d'ardeur & de courage que pour le crime, &
l'éclat d'aucune vertu ne rachete en eux la dif-
formité du vice. Je ſçus vaincre & profiter de
mes avantages. La mort de Childebert qui ar-
riva bientot après, m'effrit encore de nouvel-
les

les occasions d'acquérir de la gloire & de satis-faire mon ambition. M'emparer de Paris & de plusieurs autres villes, battre en personne une armée de ma rivale Brunehaut, affermir ainsi sur les débris de mes ennemis le trône de mon fils ; tels furent les exploits de Frédégonde. Tout mon malheur est de les avoir deshonorés par des crimes horribles ; mais si ma vie fut un tissu d'atrocités, mes dernieres actions furent deux victoires, & j'ai réuni dans ma personne un exemple mémorable de tout ce que les passions peuvent enfanter de plus noir, & de tout ce que le génie, l'adresse, & l'intrépidité peuvent avoir de force dans les conjectures les plus critiques ; ensorte que si quelques instants d'hé-roïsme pouvoient faire oublier des années en-tieres de sélératesse, Frédégonde seroit aujour-d'hui le modele des reines, & peut-être des rois.

M É D I C I S.

Vous ne vous êtes pas trompée, Frédégonde ; j'ai frémi d'horreur à votre récit. Je vous féli-cite d'avoir enfin trouvé une femme plus cou-pable & moins magnanime que vous. Plût à Dieu que cette consolation me fût aussi permise ; mais un souvenir déchirant, l'image cruelle de la Saint-Berthélemi.. Ah! épargnez-moi un détail douloureux.... vous m'entendez... Medicis est encore la plus barbare des femmes.

B

FRÉDÉGONDE.

La Saint - Barthélemi ! Médicis, que cette image cesse de vous effrayer. Non, tous les forfaits d'Antoinette ne vous font point connus. Après nous avoir surpassées, il falloit qu'elle se surpassât elle-meme (les crimes ordinaires ne suffisent pas à son ame sanguinaire & féroce) en concevant le projet le plus noir, le plus affreux, & que l'enfer seul est capable d'inspirer : n'attendez pas de moi un détail circonstancié ; l'horreur dont je suis pénétrée ne me permet pas d'arrêter long-temps les yeux sur un tableau aussi terrible : l'esquisse suffira pour vous épouvanter.

L'excès de maux où la France étoit livrée, exigeoit les remedes les plus prompts & les plus puissants. C'est dans l'amour de son peuple que Louis XVI crut devoir les chercher ; il assemble autour de son trône les représentans de la Nation. Déjà rangée en foule auprès de son chef, l'élite du peuple commençoit a jetter les fondemens du bonheur de la Patrie : déjà ses mains généreuses armées par l'amour de la liberté, brisoient les chaînes dont le colosse de l'aristocratie les avoit chargées depuis long-tems. Toujours aux félérats la vertu fait ombrage ; Antoinette, d'Artois, Condé, Conti, & tous les vils partisans du despotisme ne purent voir fans une douleur mélée de rage , l'édifice de la paix & de la félicité publique s'élever ainfi fous les aufpices du plus jufte des princes. Envain ils effayerent par des intrigues les plus lâches , les cabales les plus honteufes de femer la divifion dans cet augufte aréopage. La vérité , l'honneur y furent feuls écoutés. La voie de la féduction étant devenue inutile , ils fe livrerent à tous les tranfports de la haine & de la fureur. Déjà l'odieux complot eft formé. Ils perfuadent au Roi de s'éloigner de la capitale. Un pere pouvoit-il ainfi fe réfoudre à quitter des enfans qui l'adorent? Innocent, qu'avoit-il a craindre? Criminel, il ne tenoit qu'à lui de ceffer de l'être, plaindre un pere coupable, détourner les yeux & le réverer, tel eft le devoir de l'amour & de la nature. Mais ils abufoient de fa facilité, ils trompoient la bonté de fon cœur. Déjà le jour du départ eft fixé, & des affaffins attirés de toutes les parties par l'efpoir du butin environnent la capitale, ils n'attendent plus que le fignal homicide. Un étranger, un vil Broglio prend le commandement de ces cohortes fanguinaires. Les victimes font défignées, c'eft par l'aréopage de la nation que doit commencer le carnage; encore quelques inftants, & l'Affemblée Nationale, l'Affemblée la plus augufte qui aijamais honoré l'univers, va être anéantie; Paris, le superbe Paris, la merveille du monde va devenir la proie des flammes & être inondé de sang: & toutes ces atrocités font l'ouvrage d'une femme cruelle & vindicative, & de tous ses lâches flatteurs. Mais, ô providence admirable! comme elle se joue des desseins les mieux concertés; c'est l'étourderie d'un aristocrate qui trahit les desseins de ses complices & sauve la patrie. Lambesc à la tête d'une troupe de barbares, ose traverser le, sabre à la main, les Tuileries & les Champs-Elisées, lieux charmans, embellis par l'art & la nature. Il porte ses mains homicides sur des femmes & de foibles enfans, & sa lâche cruauté les égorge sans ménagement. A ce spectacle affreux tout Paris court aux armes, chaque citoyen devient soldat: des héros, les gardes Françoises vraiment dignes de ce nom, veulent mourir pour la défense de la patrie; les aristocrates, la honte & la rage dans le cœur, cherchent leur salut dans une promte fuite. L'amour de la liberté anime tous les ordres de l'état; l'antre du despotisme, la bastille, le tombeau de l'innocence succombe sous l'effort d'un peuple courageux & irrité, les suppots de l'aristocratie finissent dans les tourments, la honte & les regrets, une vie trop longue encore pour le mal-

heur de la France. Libre déformais, elle n'a plus
rien a redouter de fes ennemis ; deux anges tuté-
laires, Bailly, & la Fayette veillent à fa con-
fervation.

MÉDICIS.

Ah Frédégonde, je refpire : vous me rendez
la joie & la vie : grace aux forfaits d'Antoinette,
loin d'avoir à redouter la haine des François peut
être même en ferons nous regrettées. Et comment
pourroient-ils nous hair deformais ; à peine leur
éxécration, & celle de la poftérité fuffi-t-elle pour
punir le monftre qui fait leurs maux, & nous rend
leur amour. Cependant je ne puis vous diffimu-
ler ma furprife : quoi tous les François indignés
ont gemi long-tems fous la tyrannie d'Antoinette :
tous connoiffent fes attentats , & aucun animé
d'un zèle patriotique n'a entrepris de l'en punir !
Henri IV. ce prince chéri dont on ne peut pro-
noncer le nom fans attendriffement , a expiré
fous les coups d'un affaffin, & Antoinnette le
fléau de la France refpire encore.... peut être
pour fa perte.

FRÉDÉGONDE.

N'en foyez pas furprife, Médicis ; le triomphe
du fanatifme eft paffé : un jour plus pur a fuc-
eédé à ce temps de tenebres & d'horreurs, où un
faux zèle pour la religion ou la patrie armoit les

sujets contre les souverains: une nouvelle lumiere sans cesse étouffée par les préjugés dans les siecles d'ignorance ou nous avons vécu, la philosophie, le présent le plus précieux que le ciel put faire aux mortels, a enfin éclairé l'univers : elle a adouci les moeurs des hommes, cultivé & embelli leur esprit : elle leur a appris leurs véritables devoirs, leur a surtout inspiré de l'aversion & de l'horreur pour le sang de leurs semblables. Souffrir plutot que de se venger, voilà sa devise. Elle est la sauve-garde d'Antoinette, elle n'a rien a redouter pour ses jours : elle vivra, mais sa vie fera son supplice. Elle vivra, mais pour voir le bonheur d'un peuple qu'elle voudroit anéantir. Elle verra renaître sur les pas de son auguste époux, la paix, la joie, la concorde, & l'abondance, divinités tutelaires de la patrie, & & que sa présence odieuse & sacrilege sembloit en avoir exilées. Elle vivra, mais elle maudira mille fois la funeste clémence des François, qui a ménagé des jours tissus par le crime & la félératesse. Quel tourment en effet plus cruel pour un cœur coupable que la voix d'une conscience déchirée de remords.